AF264162

QUELQUES MOTS

SUR LE

TRÉSOR D'ALGER.

QUELQUES MOTS

SUR LE

TRÉSOR D'ALGER.

Les militaires de l'armée d'Afrique avaient songé à raconter les principaux faits de leur campagne. Déjà plusieurs avaient commencé à réunir et à mettre en œuvre les matériaux nécessaires pour ce travail. De retour en France, ils trouvèrent les esprits moins occupés des événemens militaires, que de prétendues dilapidations. Dès-lors l'exécution de leur projet a été suspendue. Avant de faire connaître ce qui est honorable, il faut repousser ce qui est offensant. C'est une obligation qu'impose aux officiers qui faisaient partie de l'armée l'absence de celui qui la commandait en chef. Nous essaierons de la remplir. Malgré le soin avec lequel nous avons recherché la vérité, malgré la détermination que nous avons prise de la dire sans déguisement, il est possible que nous ayons commis des erreurs, que des faits importans nous soient demeurés inconnus. Nos compagnons d'armes s'empresseront sans doute de redresser les unes et de signaler les autres.

Un trésor a été trouvé dans l'habitation du dey d'Alger. Cette circonstance faisait tomber un des principaux argumens qu'on eût opposés au projet d'expédition. La France avait, sans qu'il fallût accroître le fardeau des contributions , vengé son pavillon, fait cesser les alarmes du commerce. Pendant long-tems l'existence de ce trésor avait été révoquée en doute. Des hommes sages croyaient devoir reléguer parmi les contes des *Mille et Une Nuits* tout ce que l'on avait dit à cet égard. Leur opinion semblait confirmée par des faits remarquables. Plusieurs deys avaient péri, parce que la milice manquait de solde. La même cause produisit trois fois la même catastrophe, pendant un séjour de six mois que M. Arago fit à Alger. Aussi était-il au nombre des incrédules. Comment supposer, en effet, que des hommes qui disposaient d'un trésor de cinquante millons aient hésité à y puiser, pour sauver leur tête, quelques centaines de mille francs ?

A peine le résultat de l'inventaire fut-il connu, que ceux-là même qui avaient affirmé que les frais de la guerre seraient sans compensation changèrent tout-à-coup de langage. On exagéra la valeur de ce trésor dont l'existence avait été contestée. Il y eut, et cela devait être, des assertions fort dissemblables. Toutes étaient également hasardées ; aucune n'était dictée par une véritable conviction. Des ministres impopulaires avaient conçu l'expédition d'Afrique. On supposa que leur but caché était la ruine de nos institutions. Dès-lors la méfiance et la haine qu'ils inspiraient sont retombées sur l'armée toute entière. On ne se contenta pas de chercher à ternir l'éclat de ses succès ; des hommes d'honneur virent leur probité mise en doute, et les clameurs qui s'élevèrent de toutes parts mirent le gouvernement dans l'obligation de prescrire une enquête. Le rapport de la commission prouvera, nous en sommes convaincus, que les accusations étaient calomnieuses. Cette commission a recueilli des faits nombreux ; elle les signalera. Voici ceux dont nous avons eu connaissance :

La convention qui ouvrait à l'armée française les portes d'Alger fut conclue le 5 juillet. La prise de possession des forts et de la ville devait avoir lieu le même jour à dix heures du matin. Un délai de deux heures fut demandé par le dey, et accordé par le général en chef. A midi les portes de *Babazoun* et de *Babalouet*, qui se trouvent dans la partie inférieure de la ville, étaient en notre pouvoir ; mais ce ne fut qu'une heure plus tard que nos troupes entrèrent dans la *Casauba* ; cette forteresse ne communiquant point directement avec la campagne, la colonne destinée à l'occuper dut se diriger vers celle des portes de la ville que l'on nomme *Porte-Neuve*. Cette colonne était composée d'un détachement de troupes d'artillerie et du génie, d'une bat-

terie de campagne, et du 6ᵉ régiment d'infanterie
de ligne. Entre le château de l'*Empereur* et la *Porte-
Neuve*, les difficultés du terrain arrêtèrent la mar-
che des voitures, et ce fut la cause du retard qui
vient d'être indiqué.

On s'attendait à trouver le dey dans un lieu dont
il n'était pas sorti depuis plusieurs années, et que
moins que jamais il semblait devoir quitter sans pé-
ril; mais quelques momens avant l'arrivée des troupes
françaises, il s'était retiré dans une maison de la
partie basse de la ville. Déjà on y avait emporté une
grande partie de ce qu'il possédait de plus précieux.
Des Maures et des nègres sortaient de la *Casauba*
chargés de hardes, de coffres, de coussins, et d'autres objets. Quelques juifs s'étaient mêlés parmi
eux dans l'espoir de profiter du désordre pour sa-
tisfaire leur cupidité. A l'approche de nos soldats,
beaucoup de fardeaux furent abandonnés. Les is-
sues, les cours et les galeries de la *Casauba* étaient
encombrées. Des vêtemens et d'autres objets d'une
forme bizarre excitèrent la curiosité. Il y en eut
d'enlevés, et ce fut le désordre inévitable dans une
pareille circonstance qui donna lieu à tant de dé-
clamations. Les appartemens de la *Casauba* furent
préservés. Dans l'intérieur de la ville, le seuil d'aucune habitation ne fut franchi par nos soldats. Ce
dernier fait est d'autant plus remarquable qu'aucune
précaution n'avait été prise par les Turcs pour la

remise des différens postes, que tous s'étaient réfugiés dans leurs maisons ou leurs casernes, qu'aucune autorité civile ou militaire ne s'était présentée pour guider nos troupes, enfin, que sous ce rapport, tout s'était passé comme dans une ville prise d'assaut.

Le général en chef avait nommé une commission de finance qui devait faire l'inventaire de toutes les propriétés publiques. Elle était composée de M. Denniée, intendant en chef de l'armée, de M. le général Tholozé, sous-chef d'état-major, et de M. Firino, payeur-général. Le général Tholozé fut en outre investi du commandement de la place. M. Firino était entré dans la *Casauba* en même tems que le détachement de troupes d'artillerie et du génie. Le *Casnalgi* (on appelait ainsi l'individu qui avait la surveillance du trésor) lui remit les clés. M. Firino, dès-lors, ne s'en dessaisit plus. Elles ne pouvaient se trouver dans des mains plus pures. Les trois membres de la commission entrèrent avec le *Casnalgi* dans des pièces obscures qui renfermaient le trésor. La porte par laquelle on y pénétrait s'ouvrait sur la cour principale de la *Casauba*, et par conséquent sur le lieu où il était le plus difficile d'échapper aux regards du public. Ceux qui connaissent Alger seront disposés à constater l'exactitude de cette observation. Le *Casnalgi* désigna les caisses où se trouvait l'or, ainsi que celles qui contenaient les pièces et les lingots d'argent. Il affirma que ce qu'il faisait voir composait tout le trésor de l'état. L'aspect de cet amas métallique ne produisit pas la même impression sur les commissaires. M. Firino pensa que sa valeur ne s'élevait pas à plus de cinquante millions. Cette opinion fut consignée dans une lettre qu'il adressa le lendemain au ministre des finances. Le trésor parut beaucoup plus considérable à M. Denniée. Tous ceux qui étaient étrangers à ce genre d'évaluation se trompèrent dans le même sens. Depuis cette première reconnaissance du trésor, un détachement de douze gendarmes fut constamment de garde en avant de la porte.

Une caisse fut trouvée dans la cour de la *Casauba*, au milieu d'autres objets abandonnés. Elle était enfoncée. Deux sacs qui s'y trouvaient contenaient une somme, en pièces d'or, de 25 ou 30,000 francs. On les remit à M. Firino, qui les fit déposer au trésor. Par la suite on eut lieu de croire qu'une somme égale avait été enlevée de cette caisse. Le fut-elle par des hommes du pays ou par des soldats français ? Cette question est, jusqu'à un certain point, restée indécise ; un moment avant que la caisse fût découverte, des Maures sortaient de la *Casauba* avec des pièces d'or qu'ils disaient leur appartenir. Cette circonstance, nous aimons à le dire, semble absoudre les soldats français.

Une autre soustraction eut lieu, trente-six heures après la prise d'Alger, dáns une pièce où se trouvaient les instrumens de la Monnaie et des lingots d'argent. Les scellés avaient été mis sur la porte où l'on avait placé un poste. Une ouverture pratiquée dans un mur en maçonnerie rendit cette précaution inutile. Si l'on s'en rapporte à l'opinion du chef de la Monnaie (*aminseca*), les lingots enlevés représentaient une valeur de 25,000 francs environ. Aucun indice, aucune plainte n'a pu faire supposer que d'autres sommes aient disparu. Ces faits que constateraient au besoin de nombreux témoignages, ont bien peu de rapport avec les fictions qui ont été débitées.

La *Casauba* est loin d'être un riche palais, comme on se l'est imaginé en France. Sept à huit pièces, dont les deux plus spacieuses ont à peine la surface d'un grand salon de Paris, étaient les seules qui fussent meublées avec quelque recherche. Les murs étaient blanchis à la chaux, ou ornés de quelques dessins fort incorrects. Le mobilier se composait de divans et de coussins généralement couverts de riches étoffes de Lyon, de tapis turcs, de coffres, d'armoires, de pendules anglaises à cadrans arabes.

C'était dans la salle d'audience du dey que se trouvaient les objets les plus précieux. Des yatagans et quelques sabres, des fusils d'un travail curieux, et ornés de coraux et de ciselures en or et en argent,

des pistolets de fabrique française étaient suspen-
dus sur les murs. La garde de cette pièce et de
l'appartement des femmes fut confiée à des gendarmes. Malgré cette précaution, on eut lieu
de croire que quelques objets avaient été enlevés dans la chambre d'une des filles du dey. Un
gendarme fut soupçonné ; mais il n'y eut que de
vagues indices. On a dit qu'une surveillance plus
active exercée par ceux qui étaient chargés spé-
cialement de la police du quartier-général aurait
évité toute espèce de désordre. On a dit que des
officiers s'étaient approprié quelques parties du
mobilier dans les logemens qui leur avaient été as-
signés. Les reproches peuvent être fondés jusqu'à
un certain point ; mais il est juste d'ajouter que
dans d'autres guerres des faits semblables avaient
été inaperçus, et que le rigorisme avec lequel fut
jugée l'armée d'Afrique était sans exemples. Des
journaux parlèrent avec une vive indignation d'au-
truches qui avaient été dépouillées de leur plumage.
Ces oiseaux que l'on prétendit avoir été laissés dans
la *Casauba*, se trouvaient dans une maison de campagne voisine d'Alger : il paraît démontré qu'ils
étaient sans plumes avant même que les troupes
françaises occupassent cette maison. Au reste,
quand bien même le fait dont il s'agit aurait eu lieu,
était-ce avec tant de véhémence qu'il fallait en faire
mention ?

Il y a quelques années, une phrase relative aux désordres de la campagne de Russie donna lieu aux plus amères censures. Qu'est devenu le sentiment qui les a dictées? Pourquoi voit-on aujourd'hui des militaires français accueillir sans examen et répandre avec empressement les accusations absurdes dont une armée française a été l'objet?

Le 6, au matin, la commission des finances visita les pièces qui formaient l'appartement du dey. On y trouva une caisse qui renfermait une somme en pièces d'or, de 270,000 francs environ; cette caisse fut déposée au trésor.

Le même jour, le dey vint à la *Casauba* pour voir le général en chef, et exprima le désir d'entrer dans son appartement. M. de Bourmont y consentit, et mit à sa disposition tout ce qu'il pourrait lui convenir d'emporter. Husseim Pacha fit prendre par les Turcs et les nègres qui l'accompagnaient les plus belles armes, des pieces d'étoffes de Lyon, quelques sacs d'argent, et les enveloppes des coussins les plus riches. On lui dit qu'il pouvait disposer de la même manière de ce qu'il avait laissé dans les autres pièces de la *Casauba*. Pendant deux ou trois jours, il usa largement de cette autorisation. La plus grande partie des effets que ses gens emportèrent fut vendue à des juifs et ensuite achetée par des Français.

Les armes qui étaient restées dans la salle d'audience furent distribuées aux officiers généraux et officiers supérieurs. Les lieutenans-généraux reçurent un fusil, un sabre, un yatagan et une paire de pistolets ; les maréchaux-de-camp, un fusil, un yatagan et deux pistolets ; les officiers supérieurs, un yatagan. La répartition qui avait été faite était justifiée par de nombreux exemples. Rien n'appartient plus légitimement aux troupes que les armes qu'elles ont conquises. Une semblable distribution avait été faite en Morée. Si quelque chose doit étonner, c'est qu'après une prise de cinquante millions, quelques armes aient été la seule gratification accordée à l'armée ; les Anglais surtout auront peine à le concevoir. Lors de la conquête de Mysore, les richesses de Tipoo Saïb devinrent le partage des vainqueurs. La fortune des généraux fut assurée, et tous les officiers retournèrent en Europe avec des sommes considérables. Que de regrets éprouveront ceux qui ont légèrement ajouté foi à d'odieuses calomnies, lorsqu'ils sauront que, parmi les généraux et officiers qui ont pris part à la conquête d'Alger, les uns, partis pauvres, sont revenus pauvres ; les autres n'ont rien ajouté à leur modeste fortune, et quelques milliers de francs, fruit de leur économie dans une contrée où ils ne pouvaient dépenser tout leur traitement, ont servi à assurer, pendant la campagne, l'existence de leurs familles.

La commission des finances s'occupait avec activité de l'inventaire du trésor. Pour que l'opération fût plus prompte , on pesait au lieu de compter , et l'on renfermait dans des sacs et des caisses des poids égaux d'or et d'argent. Des soldats transportaient ces sacs et ces caisses sur le port où des bâtimens de l'état étaient destinés à les recevoir : six à sept mille hommes de corvée furent commandés pour ce transport. Ce fait peut servir à faire concevoir combien des soustractions considérables d'argent auraient offert de difficultés. L'opinion exprimée sur le trésor par quelques juifs et par une partie des consuls avait fait supposer au général en chef que l'évaluation de M. Firino était inexacte. Il écrivit au prince de Polignac que les sommes provenant tant du trésor que de la vente des canons, des poudres et des magasins de toute espèce , lui paraissaient devoir s'élever à près de 80 millions. Il demandait qu'après avoir prélevé les frais de la guerre on consacrât ce qui resterait disponible à acquitter l'arriéré de la Légion d'Honneur, et à distribuer des gratifications à tous les individus de l'armée. Il proposait de fixer les gratifications de la manière suivante :

Lieutenans-généraux, 24,000 francs ; maréchaux-de-camp, 16,000 francs ; colonels , 8,000 francs ; lieutenans-colonels , 6,000 francs ; chefs-de-bataillon , 4,000 francs ; les autres officiers et tous les soldats devaient recevoir trois mois de solde. Moins de trois millions de francs auraient suffi pour cette répartition. La mesure proposée pour la Légion-d'Honneur avait l'avantage de former un lien entre la vieille et la jeune armée.

Peut-être est-il à regretter que le général en chef n'ait pas, avant même d'y avoir été autorisé par le gouvernement, distribué les gratifications. L'armée aurait été satisfaite, et on aurait évité des imputations que firent surtout naître le mécontentement et la jalousie. Les troupes qui campaient hors de la ville s'exagéraient les avantages de celles qui occupaient l'intérieur. Il leur semblait qu'on devait s'enrichir par cela seul qu'on se trouvait près du trésor. Disons-le, quoique ce soit exprimer une idée pénible : le désintéressement est, de toutes les vertus, celle dont les hommes sont le plus disposés à douter.

Le dey, avant de partir, réclama la caisse qui avait été trouvée dans ses appartemens ; elle lui fut remise, et cette exactitude à remplir les conditions du traité parut faire sur lui une vive impression. Une autre caisse que réclamait l'aga semblait être celle qui, le 5 juillet, avait été déposée au trésor. Il reçut 5,000 sequins à titre d'indemnité. Ces deux réclamations sont les seules qui aient été faites.

Il n'y avait point de pierreries dans le trésor. Interrogé sur ce point, le dey déclara, d'abord de vive voix et ensuite par écrit, que depuis un grand nombre d'années on avait converti en argent les pierres précieuses qui appartenaient à l'état, que ses femmes et lui avaient quelques bijoux, qu'ils étaient sa propriété particulière, mais que, si on insistait, on le trouverait disposé à s'en dessaisir. Le général en chef lui fit donner l'assurance que, sous ce rapport encore, la capitulation serait rigoureusement observée.

Le dey et l'aga s'embarquèrent avec plus de cent individus des deux sexes. Pour constater exactement ce qu'ils emportaient d'argent et d'autres valeurs, il aurait fallu avoir recours à des mesures vexatoires. On se borna à interroger le juif Backri, qui, au moment de leur départ, avait été chargé d'une partie de leurs affaires. S'il faut s'en rapporter à son assertion, le dey est parti avec 3 millions et demi de francs.

Lorsque la commission eut terminé son travail, et qu'elle se fût assurée que les sommes contenues dans le trésor ne s'élevaient pas à plus de 48 millions 700 mille francs, quelques doutes restèrent encore dans l'esprit du général en chef. On fit venir le *Casnalgi* et un autre individu sans lequel il lui était interdit d'entrer dans le trésor. Interrogés séparément, tous deux affirmèrent que les pièces indiquées à la commission étaient les seules où il y eût de l'or et de l'argent, que rien n'avait été soustrait postérieurement à la signature de la convention, et que c'était quatre ou cinq jours avant la prise d'Alger qu'on était entré dans le trésor pour la dernière fois. Ces déclarations parurent faites avec sincérité. On demanda au *Casnalgi* son opinion sur la valeur du trésor ; il déclara ne l'avoir jamais connue même approximativement. Cette réponse étonnera ceux qui n'ont point une idée exacte de l'insouciance et de l'incurie des musulmans ; ce *Casnalgi* confirme d'ailleurs une assertion de l'Américain Shaller, c'est que, depuis 20 ou 25 ans, l'infériorité des recettes, par rapport aux dépenses , avait fait chaque année décroître le trésor.

Tous les Turcs célibataires avaient été contraints de quitter Alger en même tems que leur chef. Ils passaient pour les plus braves soldats de la milice. Quant aux Turcs mariés, leur départ n'était que suspendu : on attendait pour les faire embarquer un prétexte qui ne tarda pas à se présenter. Plusieurs d'entr'eux furent soupçonnés d'entretenir des intelligences avec les *Cabails*. Le 27 juillet on fit arrêter et conduire à bord d'une de nos frégates les quarante qui avaient le plus de fortune et d'influence. Les autres furent embarqués les jours suivans.

Le gouvernement français avait exprimé l'intention que les habitans d'Alger fussent soumis à une contribution de guerre. On crut devoir frapper d'abord une classe d'hommes qui passait pour riche, et qui s'était montrée ennemie. La commission des finances signifia aux quarante Turcs qui avaient été embarqués les premiers, l'ordre de faire remettre au trésor une somme qui, fixée d'abord à dix millions de francs, finit par être réduite à deux millions et demi. Ils furent autorisés à en faire eux-mêmes la répartition parmi tous les Turcs qui devaient être transportés avec eux dans l'Asie-Mineure. On les menaça de saisir leur fortune mobilière et immobilière s'ils refusaient de se soumettre à la condition imposée, mais ils demeurèrent impassibles. De mauvais traitemens, et peut-être des exactions auraient seules pu triompher de leur obstination. Le caractère français repoussait l'emploi de pareils moyens. La contribution ne fut point acquittée. Cependant on sut plus tard qu'elle aurait pu l'être, car des sommes considérables ont été remises par les plus riches Turcs, tant à des consuls étrangers qu'à des négocians. Un agent de la compagnie Sellière reçut, soit en or monnayé, soit en lingots, une valeur de deux ou trois millions, et donna en échange des traites sur divers ports de la Méditerranée. Cette opération eut pour lui de grands avantages. Les valeurs métalliques dont il était devenu possesseur furent expédiées en partie à Toulon, en partie à Villefranche. Le fait fut connu du gouvernement français et éveilla des soupçons. On interrogea l'agent, il produisit ses registres; les sommes expédiées, les noms de ceux qui en avaient fait la remise, s'y trouvaient consignés. Quant au choix de Villefranche, comme point de débarquement, l'agent répondit que le change des monnaies d'or d'Espagne offrait moins d'avantage en France que dans le comté de Nice. Ce n'est point à des militaires qu'il appartient d'exprimer une opinion sur des questions commerciales. Le gouvernement a pour les résoudre les données nécessaires. Qu'il examine et prononce : qu'après avoir connu la vérité, il la dise à la France. Si des dilapidations ont été commises , qu'il signale les coupables. Si les accusations ont été calomnieuses , qu'il prenne hautement la défense de ceux dont l'honneur a été attaqué. Il est tems de faire cesser l'étrange disgrâce d'une armée victorieuse ; il est tems de consoler cette armée des sentimens douloureux que d'injustes soupçons lui ont fait éprouver. Qu'elle sache enfin qu'on lui tient compte de ses fatigues, de ses privations, de ses dangers, et qu'on ne répudie point la gloire dont elle a décoré le nom français !

Un Officier de l'armée d'Afrique.

PARIS. — IMPRIMERIE DE DONDEY-DUPRÉ,
Rue Saint-Louis, n° 46, au Marais.